MW00508530

Keto

Chaffle

Kochbuch

Handverlesene Keto-Hackfleisch-
Rezepte zur Stärkung Ihres
Immunsystems

Adrienne Villanueva

INHALTSVERZEICHNIS

EINLEITUNG

Keto Chaffles haben die Welt im Sturm erobert. Hergestellt mit nur zwei Hauptzutaten, Ei und Butter, können sie einfach zu Hause zubereitet werden. Sie können sie als süße Nachspeise, als Frühstücksnahrung oder als Snack essen. Waffeln sind vollkommen gesunde Lebensmittel, die den Empfehlungen der ketogenen Diät folgen. Diese Keto-Waffeln ermöglichen eine geringere Kohlenhydratzufuhr, während sie den Nährstoffbedarf der Person erfüllen. Chaffles sind außen knusprig und knackig, und innen weich. Sie können mit einer Vielzahl von Rezepten verwendet werden.

Es handelt sich um fett-, protein- und kohlenhydratreiche Lebensmittel, die dem Körper zeigen können, wie er Fett als alternative Brennstoffquelle zur Energiegewinnung und Fettverbrennung nutzen kann.

Chaffles gehören zu den Lebensmitteln, die einen anregenden Effekt auf den kohlenhydratarmen Lebensstil haben. Ich finde, dass sie eine einfache Lösung sind, und zum Glück können sie zu verschiedenen Zeiten des Tages genossen werden. In den Rezepten unten zeige ich viele Möglichkeiten, wie man Chaffles zubereiten und verwenden kann - zum Frühstück bis hin zum Abendessen, als Snack und als Dessert. Diese Mischung macht also die Diät einfacher, da die Chaffles mit gesunden Fetten angereichert sind und meistens keine Kohlenhydrate enthalten. Das Erreichen der Ketose wurde gerade einfacher! Sie können sie entweder mit Mandelmehl oder Kokosnussmehl herstellen, je nachdem, was Sie am liebsten mögen. Mandelmehl wird aus gemahlenen Mandeln hergestellt (duh) und Kokosnussmehl wird aus gemahlenen getrockneten Kokosraspeln hergestellt.

Für eine süße Waffel finden Sie übliche Zutaten wie Mozzarella-Käse, Ei, Zimt, Mandelmehl, Vanille und Low-Carb-Süßstoffe wie Allulose oder Swerve.

Die Kombinationen sind wirklich endlos für sowohl süße als auch herzhafte Versionen. Wenn Sie auf Keto sind, erfordert der Körper Ernährung aus der Nahrung für verarbeitete Haut Fett und Fett. Einer der Gründe, warum die Keto-Diät Menschen bei einem gesünderen Gewicht bleiben lässt, dass dieser Vorteil. Ketone hemmen Ghrelin - das Hormon des Appetits - und erhöhen Cholecystokinin (CCK), wodurch Sie sich satt fühlen. Der geringe Appetit sorgt dafür, dass man über längere Zeiträume auf Nahrung verzichten kann, was dem Magen erlaubt, nach Energie zu tauchen. Dies ist keine perfekte Diät. Es ist ein Verhalten, das nicht nur das Gewicht eliminiert, sondern auch die Kraft und die allgemeine Gesundheit fördert.

So bevorzugen Sie es, weniger Blutzuckerspitzen und Heißhungerattacken zu haben, wenn Sie anfangen, mehr Fett zu konsumieren und die überschüssigen Kohlenhydrate (denken Sie an Brot, Zucker und Nudeln) wegzulassen, die einige Menschen auf der Regular American Diet stören. Sie haben einen konstanten Vorrat an Energie in Form von Körperfett, da der Körper auf Ketone zur Energiegewinnung angewiesen ist. Wenn der Körper auf Glukose angewiesen ist, wird eine tägliche Dosis Kohlenhydrate benötigt, um die Energie aufrechtzuerhalten. Ketone helfen, das Appetit- und Sättigungsgefühl auszugleichen, so dass Sie sich entspannt und satt fühlen, nur nicht hungrig. Dies bedeutet weniger Heißhunger, bessere Energie und mehr Fettverbrennung.

Und schließlich sind sie praktisch für die Zubereitung von Mahlzeiten im Voraus. Und wir wissen, wie das Vorbereiten von Mahlzeiten bei einer effektiven Keto-Diät hilft. Chaffles können für die spätere Verwendung eingefroren werden und schmecken hervorragend, wenn sie aufgewärmt und später genossen werden.

Wenn Sie erst einmal süchtig nach Hähnen sind, werden sie aufgrund der Vorteile, die sie mit sich bringen, ein wichtiger Teil Ihrer Fütterung werden.

FRÜHSTÜCK CHAFFLE REZEPTE

1. Speck-Cheddar-Keks Waffel

Zubereitungszeit: 10 Minuten

Kochzeit: 28 Minuten

Portionen: 4

Zutaten:

- 1 Ei, verquirlt
- 2 Esslöffel Mandelmehl
- 2 Esslöffel gemahlene Leinsamen
- 3 Scheiben Speck, gekocht und gewürfelt
- ¼ Tasse Schlagsahne
- 1 ½ Esslöffel geschmolzene Butter
- ½ Tasse fein geriebener Gruyere-Käse
- ½ Tasse fein geriebener Cheddar-Käse
- ¼ Teelöffel Erythrit
- ½ Teelöffel Zwiebelpulver
- ½ Teelöffel Knoblauchsalz
- ½ Esslöffel getrocknete Petersilie
- ½ Esslöffel Backpulver
- ¼ Teelöffel Backpulver

Wegbeschreibung:

1. Heizen Sie das Waffeleisen vor.
2. In der Zwischenzeit verquirlen Sie in einer mittelgroßen Schüssel alle Zutaten, bis ein glatter Teig entsteht.

3. Öffnen Sie das Bügeleisen, gießen Sie ein Viertel der Mischung in das Bügeleisen, schließen Sie es und garen Sie es, bis es knusprig ist, 6 bis 7 Minuten.
4. Nehmen Sie das Häckselgut auf einen Teller und stellen Sie es beiseite.
5. Machen Sie drei weitere Chaffles mit dem restlichen Teig.
6. Abkühlen lassen und anschließend servieren.

Ernährung: Kalorien: 207 kcal Eiweiß: 22,68 g Fett: 11,89 g Kohlenhydrate: 1.17 g

2. Steckrübe Hash Brown Chaffles

Zubereitungszeit: 10 Minuten

Kochzeit: 42 Minuten

Portionen: 6

Zutaten:

- 1 große Rübe, geschält und geraspelt
- ½ mittlere weiße Zwiebel, gehackt
- 2 Knoblauchzehen, gepresst
- 1 Tasse fein geriebener Gouda-Käse
- 2 Eier, verquirlt
- Salz und frisch gemahlener schwarzer Pfeffer zum Abschmecken

Wegbeschreibung:

1. Geben Sie die Rüben in eine mittelgroße, mikrowellensichere Schüssel, übergießen Sie sie mit 1 EL Wasser und dämpfen Sie sie in der Mikrowelle, bis sie weich sind, 1 bis 2 Minuten.
2. Nehmen Sie die Schüssel heraus und mischen Sie die restlichen Zutaten bis auf eine viertel Tasse des Gouda-Käses ein.
3. Heizen Sie das Waffeleisen vor.
4. Sobald die Waffeln erhitzt sind, öffnen Sie sie und streuen Sie etwas von dem reservierten Käse in das Eisen und geben Sie 3 Esslöffel der Mischung darüber. Schließen Sie das Waffeleisen und kochen, bis knusprig, 5 Minuten.
5. Den Deckel öffnen, das Häckselgut umdrehen und weitere 2 Minuten garen.
6. Nehmen Sie das Häckselgut auf einen Teller und stellen Sie es beiseite.

7. Machen Sie mit dem restlichen Teig im gleichen Verhältnis fünf weitere Chaffeln.
8. Abkühlen lassen und anschließend servieren.

Ernährung: Kalorien: 580 Fett: 50 g Netto-Kohlenhydrate: 2 g Eiweiß: 30 g

3. Alles Bagel Chaffles

Zubereitungszeit: 10 Minuten

Kochzeit: 28 Minuten

Portionen: 4

Zutaten:

- 1 Ei, verquirlt
- ½ Tasse fein geriebener Parmesankäse
- 1 Teelöffel Everything Bagel Gewürz

Wegbeschreibung:

1. Heizen Sie das Waffeleisen vor.
2. Mischen Sie alle Zutaten in einer mittelgroßen Schüssel.
3. Öffnen Sie das Bügeleisen, geben Sie ein Viertel der Mischung hinein, schließen Sie es und kochen Sie es knusprig, 6 bis 7 Minuten.
4. Nehmen Sie das Häckselgut auf einen Teller und stellen Sie es beiseite.
5. Drei weitere Chaffeln herstellen, abkühlen lassen und anschließend genießen.

Ernährung: Kalorien: 210 Fett: 9.3g Netto-Kohlenhydrate: 1.3g Protein: 28.9g

4. Blaubeer-Kurzkuchen-Kaffeekuchen

Zubereitungszeit: 10 Minuten

Kochzeit: 14 Minuten

Portionen: 2

Zutaten:

- 1 Ei, verquirlt
- 1 Esslöffel Frischkäse, erweicht
- ¼ Tasse fein geriebener Mozzarella-Käse
- 1/4 Teelöffel Backpulver
- 4 frische Heidelbeeren
- 1 Teelöffel Heidelbeer-Extrakt

Wegbeschreibung:

1. Heizen Sie das Waffeleisen vor.
2. Mischen Sie alle Zutaten in einer mittelgroßen Schüssel.
3. Öffnen Sie das Bügeleisen, gießen Sie die Hälfte des Teigs hinein, schließen Sie es und garen Sie es, bis es knusprig ist, 6 bis 7 Minuten.
4. Nehmen Sie das Häckselgut auf einen Teller und stellen Sie es beiseite.
5. Stellen Sie mit dem restlichen Teig das andere Häckselgut her.
6. Abkühlen lassen und anschließend genießen.

Ernährung: Kalorien: 268 Fett: 20g Netto-Kohlenhydrate: 3,5g Eiweiß: 13,8g

5. Himbeer-Pekannuss-Kekse

Zubereitungszeit: 10 Minuten

Kochzeit: 14 Minuten

Portionen: 2

Zutaten:

- 1 Ei, verquirlt
- ½ Tasse fein geriebener Mozzarella-Käse
- 1 Esslöffel Frischkäse, erweicht
- 1 Esslöffel zuckerfreier Ahornsirup
- ¼ Teelöffel Himbeer-Extrakt
- ¼ Teelöffel Vanilleextrakt
- 2 Esslöffel zuckerfreie Karamellsauce für das Topping
- 3 Esslöffel gehackte Pekannüsse zum Bestreuen

Wegbeschreibung:

1. Heizen Sie das Waffeleisen vor.
2. Mischen Sie alle Zutaten in einer mittelgroßen Schüssel.
3. Öffnen Sie das Bügeleisen, gießen Sie die Hälfte des Teigs hinein, schließen Sie es und garen Sie es, bis es knusprig ist, 6 bis 7 Minuten.
4. Nehmen Sie das Häckselgut auf einen Teller und stellen Sie es beiseite.
5. Machen Sie mit dem restlichen Teig ein weiteres Häckselgericht.
6. Zum Servieren: Die Karamellsauce über die Chaffles träufeln und mit den Pekannüssen belegen.

Ernährung: Kalorien: 268 Fett: 20g Netto-Kohlenhydrate: 3,5g Eiweiß: 13,8g

6. Frühstück Spinat-Ricotta-Kaffeekuchen

Zubereitungszeit: 10 Minuten

Kochzeit: 28 Minuten

Portionen: 4

Zutaten:

- 4 oz. gefrorener Spinat, aufgetaut, trockengedrückt
- 1 Tasse Ricotta-Käse
- 2 Eier, verquirlt
- ½ Teelöffel Knoblauchpulver
- ¼ Tasse fein geriebener Pecorino Romano-Käse
- ½ Tasse fein geriebener Mozzarella-Käse
- Salz und frisch gemahlener schwarzer Pfeffer zum Abschmecken

Wegbeschreibung:

1. Heizen Sie das Waffeleisen vor.
2. Mischen Sie alle Zutaten in einer mittelgroßen Schüssel.
3. Öffnen Sie das Eisen, fetten Sie es leicht mit Kochspray ein und löffeln Sie ein Viertel der Mischung hinein.
4. Schließen Sie das Bügeleisen und kochen Sie, bis sie braun und knusprig sind, 7 Minuten.
5. Nehmen Sie das Häckselgut auf einen Teller und stellen Sie es beiseite.
6. Machen Sie mit der restlichen Mischung drei weitere Chaffeln.
7. Abkühlen lassen und anschließend servieren.

Ernährung: Kohlenhydrate: 6 g Fette: 95 g Proteine: 47 g Kalorien: 400

HERZHAFTE HÄCKSEL-REZEPTE

7. Low Carb Keto Brokkoli-Käse-Waffeln

Zubereitungszeit: 5 Minuten

Kochzeit: 5 Minuten

Portionen: 2

Zutaten:

- 1 Tasse Brokkoli, verarbeitet
- 1 Tasse geschredderter Cheddar-Käse
- 1/3 Tasse geriebener Parmesankäse
- 2 Eier, verquirlt

Wegbeschreibung

1. Sprühen Sie das Kochspray auf das Waffeleisen und heizen Sie es vor.
2. Verwenden Sie einen leistungsstarken Mixer oder eine Küchenmaschine, um den Brokkoli bis zur Reiskonsistenz zu verarbeiten.
3. Mischen Sie alle Zutaten in einer mittelgroßen Schüssel.
4. 1/3 der Mischung in das Waffeleisen geben und 4-5 Minuten goldgelb backen.

Ernährung: Kalorien 443 Fett 35,6 g Kohlenhydrate 3,5 g Zucker 2 g Eiweiß 27,4 g

8. Eier Benedict Chaffle

Zubereitungszeit: 6 Minuten

Kochzeit: 10 Minuten

Portionen: 2

Zutaten:

- Für das Häckselgut:
- 2 Eiweiß
- 2 Esslöffel Mandelmehl
- 1 Esslöffel saure Sahne
- ½ Tasse Mozzarella-Käse
- Für die Hollandaise:
- ½ Tasse gesalzene Butter
- 4 Eigelb
- 2 Esslöffel Zitronensaft
- Für die pochierten Eier:
- 2 Eier
- 1 Esslöffel weißer Essig
- 3 oz Deli-Schinken

Wegbeschreibung:

1. Schlagen Sie das Eiweiß schaumig und mischen Sie dann die restlichen Zutaten unter.
2. Schalten Sie das Waffeleisen ein und ölen Sie es mit Kochspray ein.
3. 7 Minuten kochen, bis sie goldbraun sind.
4. Entfernen Sie das Häckselgut und wiederholen Sie den Vorgang mit dem restlichen Teig.

5. Füllen Sie den Topf zur Hälfte mit Wasser und bringen Sie es zum Kochen.

6. Stellen Sie eine hitzebeständige Schüssel auf den Topf und achten Sie darauf, dass der Boden das kochende Wasser nicht berührt.

7. Erhitzen Sie die Butter in der Mikrowelle bis zum Sieden.

8. Geben Sie die Eigelbe in die Schüssel des Doppelkochers und bringen Sie sie zum Kochen.

9. Heiße Butter in die Schüssel geben und zügig verquirlen. Kochen, bis die Eigelbmischung eingedickt ist.

10. Nehmen Sie die Schüssel aus dem Topf und geben Sie den Zitronensaft hinzu. Beiseite stellen.

11. Bei Bedarf mehr Wasser in den Topf geben, um die pochierten Eier zuzubereiten (das Wasser sollte die Eier vollständig bedecken). Zum Köcheln bringen. Geben Sie weißen Essig zum Wasser.

12. Eier in das kochende Wasser schlagen und 1 Minute 30 Sekunden kochen. Mit einem Schaumlöffel herausnehmen.

13. Chaffles im Toaster 2-3 Minuten erwärmen. Mit Schinken, pochierten Eiern und Sauce hollandaise belegen.

Ernährung: Kalorien 167 Fett 12 g Kohlenhydrate 2,3 g Zucker 1,6 g Eiweiß 12,8 g

Cholesterin 262 mg

9. Hähnchen-Speck-Chaffle

Zubereitungszeit: 6 Minuten

Kochzeit: 5 Minuten

Portionen: 2

Zutaten:

- 1 Ei
- 1/3 Tasse gekochtes Huhn, gewürfelt
- 1 Stück Speck, gekocht und zerbröselt
- 1/3 Tasse geschredderter Cheddar-Jack-Käse
- 1 Teelöffel pulverisiertes Ranch-Dressing

Wegbeschreibung:

1. Schalten Sie das Waffeleisen ein und ölen Sie es mit Kochspray ein.
2. Mischen Sie Ei, Dressing und Monterey-Käse in einer kleinen Schüssel.
3. Speck und Huhn hinzufügen.
4. Geben Sie die Hälfte des Teigs in das Waffeleisen und kochen Sie 3 Minuten lang.
5. Nehmen Sie den restlichen Teig heraus und kochen Sie ihn, um ein zweites Häcksel zu machen.
6. Lassen Sie die Waffeln vor dem Servieren 2 Minuten ruhen.

Ernährung: Kalorien 375 Fett 32,6 g Kohlenhydrate 6,5 g Zucker 3,9 g Eiweiß 17,2 g Cholesterin 245 mg

10. Speck & Gemüse Chaffles

Zubereitungszeit: 6 Minuten

Kochzeit: 24 Minuten

Portionen: 6

Zutaten:

- 2 gekochte Speckscheiben, zerkrümelt
- ½ Tasse gefrorener gehackter Spinat, aufgetaut und ausgedrückt
- ½ Tasse Blumenkohlreis
- 2 Bio-Eier
- ½ Tasse Cheddar-Käse, geraspelt
- ½ Tasse Mozzarella-Käse, geraspelt
- ¼ Tasse Parmesankäse, gerieben
- 1 Esslöffel Butter, geschmolzen
- 1 Teelöffel Knoblauchpulver
- 1 Teelöffel Zwiebelpulver

Wegbeschreibung:

1. Heizen Sie ein Mini-Waffeleisen vor und fetten Sie es anschließend ein.
2. Geben Sie alle Zutaten außer den Blaubeeren in eine Schüssel und schlagen Sie sie, bis sie sich gut miteinander verbinden.
3. Heben Sie die Heidelbeeren unter.
4. Teilen Sie die Mischung in 6 Portionen auf.

5. Legen Sie 1 Portion der Mischung in das vorgeheizte Waffeleisen und backen Sie sie ca. 3-4 Minuten oder bis sie goldbraun ist.

6. Wiederholen Sie den Vorgang mit der restlichen Mischung.

7. Warm servieren.

Ernährung: Kalorien 38 Fett 0,2 g Kohlenhydrate 8,1 g Zucker 3,5 g Eiweiß 3 g Cholesterin 0 mg

11. Vegane Waffel

Zubereitungszeit: 5 Minuten

Kochzeit: 25 Minuten

Portionen: 2

Zutaten:

- 1 Esslöffel Leinsamenmehl
- 2 ½ Esslöffel Wasser
- ¼ Tasse Low Carb veganer Käse
- 2 Esslöffel Kokosnussmehl
- 1 EL veganer Low Carb Frischkäse, erweicht
- Prise Salz

Wegbeschreibung:

1. Schalten Sie das Waffeleisen ein und ölen Sie es mit Kochspray ein.
2. Mischen Sie Leinsamen und Wasser in einer Schüssel. Lassen Sie es 5 Minuten lang stehen, bis es eingedickt und klebrig ist.
3. Verquirlen Sie die restlichen Zutaten für das Häckselgut.
4. Gießen Sie eine Hälfte des Teigs in die Mitte des Waffeleisens. Schließen Sie es und backen Sie es für 3-5 Minuten.
5. Häcksel entfernen und servieren.

Ernährung: Kalorien 264 Fett 18,4 g Kohlenhydrate 4,4 g Zucker 2,4 g Eiweiß 20,5 g Cholesterin 71 mg

12. Zitronige Frischkräuter-Haferflocken

Zubereitungszeit: 10 Minuten

Kochzeit: 24 Minuten

Portionen: 6

Zutaten:

- ½ Tasse gemahlener Leinsamen
- 2 Bio-Eier
- ½ Tasse Ziegen-Cheddar-Käse, gerieben
- 2-4 Esslöffel normaler griechischer Joghurt
- 1 Esslöffel Avocadoöl
- ½ Teelöffel Backpulver
- 1 Teelöffel frischer Zitronensaft
- 2 Esslöffel frischer Schnittlauch, gehackt
- 1 Esslöffel frisches Basilikum, gehackt
- ½ Esslöffel frische Minze, gehackt
- ¼ Esslöffel frischer Thymian, gehackt
- ¼ Esslöffel frischer Oregano, gehackt
- Salz und frisch gemahlener schwarzer Pfeffer, nach Geschmack

Wegbeschreibung:

1. Heizen Sie ein Waffeleisen vor und fetten Sie es anschließend ein.
2. Geben Sie alle Zutaten in eine mittelgroße Schüssel und vermischen Sie sie mit einer Gabel, bis sie gut miteinander verbunden sind.
3. Teilen Sie die Mischung in 6 Portionen auf.

4. Legen Sie 1 Portion der Mischung in das vorgeheizte Waffeleisen und backen Sie sie ca. Minuten oder bis sie goldbraun ist.

5. Wiederholen Sie den Vorgang mit der restlichen Mischung.

6. Warm servieren.

Ernährung: Kalorien 280 Fett 15,1 g Kohlenhydrate 7,4 g Zucker 1 g Eiweiß 29,1 g

Cholesterin 64 mg

13. Italienische Gewürzhäffel

Zubereitungszeit: 6 Minuten

Kochzeit: 8 Minuten

Portionen: 2

Zutaten:

- ½ Tasse Mozzarella-Käse, geraspelt
- 1 Esslöffel Parmesankäse, geraspelt
- 1 Bio-Ei
- ¾ Teelöffel Kokosnussmehl
- ¼ Teelöffel Bio-Backpulver
- 1/8 Teelöffel italienisches Gewürz
- Prise Salz

Wegbeschreibung:

1. Heizen Sie ein Mini-Waffeleisen vor und fetten Sie es anschließend ein.

2. Geben Sie alle Zutaten in eine mittelgroße Schüssel und vermischen Sie sie mit einer Gabel, bis sie gut miteinander verbunden sind.

3. Legen Sie die Hälfte der Mischung in das vorgeheizte Waffeleisen und backen Sie sie ca. 4 Minuten oder bis sie goldbraun ist.

4. Wiederholen Sie den Vorgang mit der restlichen Mischung.

5. Warm servieren.

Ernährung: Kalorien 333 Fett 9,7 g Kohlenhydrate 11,9 g Zucker 5 g Eiweiß 47,8 g

Cholesterin 135 mg

14. Basilikum-Häcksler

Zubereitungszeit: 10 Minuten

Kochzeit: 16 Minuten

Portionen: 2

Zutaten:

- 2 Bio-Eier, verquirlt
- ½ Tasse Mozzarella-Käse, geraspelt
- 1 Esslöffel Parmesankäse, gerieben
- 1 Teelöffel getrocknetes Basilikum, zerkleinert
- Prise Salz

Wegbeschreibung:

1. Heizen Sie ein Mini-Waffeleisen vor und fetten Sie es anschließend ein.

2. Geben Sie alle Zutaten in eine mittelgroße Schüssel und mischen Sie sie, bis sie gut miteinander verbunden sind.

3. Legen Sie 1/der Mischung in das vorgeheizte Waffeleisen und backen Sie es ca. 3-4 Minuten oder bis es goldbraun ist.

4. Wiederholen Sie den Vorgang mit der restlichen Mischung.

5. Warm servieren.

Ernährung: Kalorien 75 Fett 2,4 g Kohlenhydrate 0,9 g Zucker 0,6 g Eiweiß 11,7 g Cholesterin 34 mg

15. Speck-Haferln

Zubereitungszeit: 6 Minuten

Kochzeit: 5 Minuten

Portionen: 2

Zutaten:

- 2 Eier
- ½ Tasse Cheddar-Käse
- ½ Tasse Mozzarella-Käse
- ¼ Teelöffel Backpulver
- ½ Esslöffel Mandelmehl
- 1 EL Butter, für Waffeleisen
- Für die Füllung:
- ¼ Tasse Speck, gewürfelt
- 2 Esslöffel grüne Zwiebeln, gehackt

Wegbeschreibung:

1. Schalten Sie das Waffeleisen ein und ölen Sie es mit Kochspray ein.

2. Eier, Mozzarella, Cheddar, Mandelmehl und Backpulver in einen Mixer geben und 10 Mal pulsieren, sodass der Käse noch stückig ist.

3. Fügen Sie Speck und Frühlingszwiebeln hinzu. 2 Mal pulsieren, um sie zu kombinieren.

4. Geben Sie eine Hälfte des Teigs in das Waffeleisen und backen Sie ihn 3 Minuten lang, bis er goldbraun ist.

5. Wiederholen Sie den Vorgang mit dem restlichen Teig.

6. Fügen Sie Ihre Toppings hinzu und servieren Sie heiß.

Ernährung: Kalorien 359 Fett 27,8 g Kohlenhydrate 2,1 g Zucker 1,1 g Eiweiß 23,2 g

16. Pikante Spinat-Kaffeeküchlein

Zubereitungszeit: 10 Minuten

Kochzeit: 20 Minuten

Portionen: 2

Zutaten:

- 1 großes Bio-Ei, verquirlt
- 1 Tasse Ricotta-Käse, zerkrümelt
- ½ Tasse Mozzarella-Käse, geraspelt
- ¼ Tasse Parmesankäse, gerieben
- 4 Unzen gefrorener Spinat, aufgetaut und ausgepresst
- 1 Knoblauchzehe, gehackt
- Salz und frisch gemahlener schwarzer Pfeffer, nach Geschmack

Wegbeschreibung:

1. Heizen Sie ein Mini-Waffeleisen vor und fetten Sie es anschließend ein.

2. Geben Sie alle Zutaten in eine mittelgroße Schüssel und mischen Sie sie, bis sie gut miteinander verbunden sind.

3. Geben Sie ¼ der Mischung in das vorgeheizte Waffeleisen und backen Sie sie ca. 4-5 Minuten oder bis sie goldbraun ist.

4. Wiederholen Sie den Vorgang mit der restlichen Mischung.

5. Warm servieren.

Ernährung: Kalorien 40 Fett 1,9 g Kohlenhydrate 2,3 g Zucker 0,6 g Eiweiß 3,4 g Cholesterin 0 mg

17. Zucchini-Haferflocken

Zubereitungszeit: 10 Minuten

Kochzeit: 20 Minuten

Portionen: 2

Inhaltsstoffe

- 1 Tasse geriebene Zucchini
- 1 verquirltes Ei
- 1/2 Tasse Parmesankäse, geraspelt
- 1/4 Tasse Mozzarella-Käse, zerkleinert
- 1 Teelöffel getrocknetes Basilikum, oder vielleicht sogar 1/4 Tasse gehacktes frisches Basilikum,
- 3/4 Teelöffel geteiltes koscheres Salz
- 1/2 Teelöffel gemahlener schwarzer Pfeffer

Wegbeschreibung

1. Bestreuen Sie die Zucchini mit etwa 1/4 Teelöffel Salz und lassen Sie sie dann stehen, während Sie Ihre Zutaten sammeln. Wickeln Sie die Zucchini in ein Papiertuch ein, bevor Sie sie verwenden, und drücken Sie sie dann aus, um das überschüssige Wasser herauszudrücken.

2. Verquirlen Sie das Ei in einer kleinen Schüssel. Kombinieren Sie die geriebenen Zucchini, Basilikum, Mozzarella, 1/2 Teelöffel Salz und Pfeffer

3. Streuen Sie 1-2 Esslöffel gehackten Parmesan auf den Boden des Waffeleisens

4. 1/4 der Mischung darüberstreuen. Mit etwa 1-2 TL gehacktem Parmesan bedecken und den Deckel schließen. Genug zum Bedecken der Oberfläche verwenden. Schauen Sie sich das Video und sehen, wie

5. Basierend auf der Größe des Waffeleisen verursachen die Zucchini Chaffle für 4-8 Minuten gekocht werden. Normalerweise ist sie so gut wie fertig, wenn das Gerät die Dampfwolke abgelassen hat. Lassen Sie es kochen, bis es goldbraun ist, für das großartige Ergebnis

6. Entfernen Sie sie und wiederholen Sie den Vorgang mit der nächsten Waffel

7. Macht zwei große Waffeln sowie vier kleine Waffeln, im Mini-Maker

8. Diese Frikadellen lassen sich hervorragend einfrieren. Frieren Sie diese ein und erwärmen Sie sie dann wieder im Toaster oder in Ihrer Fritteuse, um die Knusprigkeit zurückzugewinnen

Ernährung: Kalorien: 188 Netto-Kohlenhydrate: 1,3 g Eiweiß: 30,3 g Fett: 5,8 g

18. Keto Blumenkohl Chaffles Rezept

Zubereitungszeit: 10 Minuten

Kochzeit: 5 Minuten

Portionen: 2

Inhaltsstoffe

- 1 Tasse Blumenkohl, gewürfelt
- 1/4 Teelöffel Knoblauchpulver
- 1/4 Teelöffel schwarzer Pfeffer, gemahlen
- 1/2 Teelöffel italienisches Gewürz
- 1/4 Teelöffel koscheres Salz
- 1/2 Tasse Mozzarella-Käse geschreddert oder mexikanische Käsemischung geschreddert
- 1 Ei
- 1/2 Tasse Parmesankäse, geraspelt

Wegbeschreibung

1. Kombinieren Sie alle Zutaten und geben Sie sie in einen Mixer
2. Streuen Sie 1/8 Tasse Parmesankäse in das Waffeleisen. Sicherstellen, dass der Boden des Waffeleisens bedeckt ist
3. Den Blumenkohlteig in die Waffelmaschine gießen

4. Geben Sie eine weitere Schicht Parmesankäse auf die Oberseite der Mischung. Stellen Sie sicher, dass die Oberseite des Waffeleisens bedeckt ist
5. 4 bis 5 Minuten kochen, bis es knusprig ist
6. Ergibt in der Regel vier Mini-Waffeln oder zwei normal große Waffeln

Ernährung: Kalorien: 265 Netto-Kohlenhydrate: 0 g Fett: 9 g Eiweiß: 8 g

19. Keto Parmesan-Knoblauch-Chaffeln – 3 Manner

Zubereitungszeit: 10 Minuten

Kochzeit: 5 Minuten

Portionen: 2

Inhaltsstoffe

- 1/2 Tasse Mozzarella-Käse, zerkleinert
- 1 verquirltes Ei
- 1/4 Tasse Parmesankäse, gerieben
- 1 Teelöffel italienisches Gewürz
- 1/4 Teelöffel Knoblauchpulver

Wegbeschreibung

1. Schalten Sie Ihren Mini-Waffelautomaten ein
2. Geben Sie alle Produkte, mit Ausnahme des Mozzarella-Käses, in eine Schüssel und mischen Sie sie. Geben Sie den Käse hinein und verrühren Sie ihn, bis er gut vermischt ist
3. Besprühen Sie Ihre Waffelplatten mit Antihaft-Spray und geben Sie dann die Hälfte des Teigs in die Mitte. Schließen Sie den Deckel und kochen Sie die Waffeln

für 3 bis 5 Minuten, je nachdem, wie knusprig Sie sie haben möchten.

4. Es gibt ein paar Möglichkeiten zum Servieren. Eine ist, mit geriebenem Parmesankäse, einem Nieselregen Olivenöl und gehackter frischer Petersilie oder Basilikum darzustellen

Noten Transformationen

20. **Keto Waffel Pizza**

Zubereitungszeit: 10 Minuten

Kochzeit: 20 Minuten

Portionen: 2 bis 3

Inhaltsstoffe

- 1 Ei
- 1/2 Tasse zerkleinerter Mozzarella-Käse
- Nur eine Prise Gewürz, (italienisch)
- 1 Esslöffel Pizzasauce (zuckerfrei)
- Topping mit mehr zerkleinertem Käse Peperoni

Wegbeschreibung

1. Vorheizen der Waffelmaschine
2. In der Rührschüssel das Ei sowie die Gewürze miteinander verquirlen
3. Kombinieren Sie es mit dem zerkleinerten Käse und mischen Sie
4. In das heiße Waffeleisen geben Sie einen Esslöffel geschredderten Käse und lassen ihn dann etwa 30 Sekunden lang ruhen. Das hilft, eine knusprigere Kruste zu erzeugen
5. Die Hälfte des Teigs auf die Maschine auftragen und ca. 4 Minuten backen, bis er goldbraun und leicht knusprig ist.

6. Zur zweiten Waffel die Waffel herausnehmen und die restliche Mischung in den Maker geben

7. Belag mit Pizzasauce, Peperoni und zerbröseltem Käse. Mikrowelle für etwa 20 Sekunden auf hoher Stufe und ja.

Ernährung: Kalorien: 167 Netto-Kohlenhydrate: 5,0 g Fett: 8,0 g Eiweiß: 17 g

21. <u>Keto Taco Chaffles</u>

Zubereitungszeit: 10 Minuten

Kochzeit: 5 Minuten

Portionen: 3 bis 4

Inhaltsstoffe

- 1 Eiweiß
- 1/4 Tasse geschredderter Monterey Jack-Käse, (fest verpackt)
- 1/4 Tasse geschredderter scharfer Cheddar-Käse, (fest verpackt)
- 3/4 Teelöffel Wasser
- 1 Teelöffel Kokosnussmehl
- 1/4 Teelöffel Backpulver
- 1/8 Teelöffel Chilipulver
- 1 Prise Salz

Wegbeschreibung

1. Stecken Sie den Mini-Waffelautomaten in die Steckdose und fetten Sie ihn leicht ein, sobald er warm ist
2. Geben Sie alle Komponenten in eine Schüssel und mischen Sie sie gut, um sie zu kombinieren

3. Gießen Sie die Hälfte der Mischung auf den Maker und schließen Sie dann den Deckel
4. Stellen Sie einen 4-Minuten-Timer ein und nehmen Sie den Deckel erst nach Ablauf der Garzeit ab
5. Wenn Sie dies tun, sieht es so aus, als ob das Taco-Häcksel nicht vollständig aufgebaut ist, aber es würde
6. Bevor Sie den Deckel öffnen, lassen Sie ihn einfach die ganzen 4 min
7. Nehmen Sie die Taco-Schale aus dem Eisen und legen Sie sie beiseite. Wiederholen Sie den gleichen Vorgang für die restliche Portion des Chaffelteigs
8. Schalten Sie ein Muffinblech um und legen Sie das Taco-Häckselgut zwischen die Förmchen, sodass eine Taco-Schale entsteht. Lassen Sie es für ein paar Minuten fest werden

Ernährung: Kalorien: 292 Netto-Kohlenhydrate: 1,9 g Fett: 16 g Eiweiß: 31,9 g

22. **Keto Chaffle Knoblauch Käsebrot Sticks**

Zubereitungszeit: 10 Minuten

Kochzeit: 5 Minuten

Portionen: 3 bis 4

Inhaltsstoffe

- 1 mittelgroßes Ei
- 1/2 Tasse geriebener Mozzarella-Käse
- 2 Esslöffel Mandelmehl
- 1/2 Teelöffel Knoblauchpulver
- 1/2 Teelöffel Oregano
- 1/2 Teelöffel Salz

Für Topping

- 2 Esslöffel ungesalzene, weiche Butter
- 1/2 Teelöffel Knoblauchpulver
- 1/4 Tasse geriebener Mozzarella-Käse

Wegbeschreibung

1. Schalten Sie das Waffeleisen ein und fetten Sie es leicht mit Olivenöl ein
2. Verquirlen Sie in einer Rührschüssel das Ei

3. Mandelmehl, Mozzarella, Oregano, Knoblauchpulver sowie Salz dazugeben und gut vermengen
4. Gießen Sie die Mischung in das Waffeleisen
5. Schließen Sie den Deckel und kochen Sie für ca. fünf Minuten
6. Verwenden Sie eine Zange, nehmen Sie die vorbereiteten Waffeln und schneiden Sie dann jede Waffel in 4 Stücke
7. Legen Sie diese Sticks auf ein solches Tablett und heizen Sie den Grill vor
8. Kombinieren Sie das Knoblauchpulver und die Butter miteinander und streuen Sie es über die Sticks
9. Sprühen Sie den Mozzarella auf alle Sticks und legen Sie sie für 2 bis 3 Minuten unter den Grill, bis der Käse schmilzt und Blasen bildet
10. Sofort essen

Ernährung: Kalorien: 282 Netto-Kohlenhydrate: 0,0 g Fett: 20 g Eiweiß: 23

TRÜFFELKUCHEN- & SANDWICH-REZEPTE

23. Erdbeer-Sahne-Sandwich-Kaffeekuchen

Zubereitungszeit: 6 Minuten

Kochzeit: 6 Minuten

Portionen: 2

Zutaten:

- Häffelchen
- 1 großes Bio-Ei, verquirlt
- ½ Tasse Mozzarella-Käse, fein geraspelt
- Füllen
- 4 Teelöffel schwere Sahne
- 2 Esslöffel pulverisiertes Erythritol
- 1 Teelöffel frischer Zitronensaft
- Eine Prise frische Zitronenschale, gerieben
- 2 frische Erdbeeren, geschält und in Scheiben geschnitten

Wegbeschreibung:

1. Heizen Sie ein Mini-Waffeleisen vor und fetten Sie es anschließend ein.

2. Für die Chaffeln: Geben Sie das Ei und den Mozzarella-Käse in eine kleine Schüssel und rühren Sie sie zusammen.

3. Die Hälfte der Mischung in das vorgeheizte Waffeleisen geben und ca. 2 Minuten backen.

4. Wiederholen Sie den Vorgang mit der restlichen Mischung.

5. In der Zwischenzeit für die Füllung: Geben Sie alle Zutaten außer den Erdbeerscheiben in eine Schüssel und schlagen Sie sie mit einem Handmixer, bis sie sich gut verbinden.

6. Jedes Häppchen mit Sahnemischung und Erdbeerscheiben servieren.

Ernährung: Kalorien: 140 Fett: 1,1g Kohlenhydrate: 27,9g Eiweiß: 4,7g Ballaststoffe: 10,9g

24. Schinken-Sandwich-Hackbraten

Zubereitungszeit: 6 Minuten

Kochzeit: 8 Minuten

Portionen: 2

Zutaten:

- 1 Bio-Ei, verquirlt
- ½ Tasse Monterrey Jack-Käse, zerkleinert
- 1 Teelöffel Kokosnussmehl
- Prise Knoblauchpulver
- Füllen
- 2 Scheiben zuckerfreier Schinken
- 1 kleine Tomate, in Scheiben geschnitten
- 2 Kopfsalatblätter

Wegbeschreibung:

1. Heizen Sie ein Mini-Waffeleisen vor und fetten Sie es anschließend ein.

2. Für die Pommes frites: Geben Sie alle Zutaten in eine mittelgroße Schüssel und verrühren Sie sie mit einer Gabel, bis sie gut vermischt sind. Die Hälfte der Mischung in das vorgeheizte Waffeleisen geben und ca. 3-4 Minuten backen.

3. Wiederholen Sie den Vorgang mit der restlichen Mischung.

4. Servieren Sie jede Chaffle mit den Füllungszutaten.

Ernährung: Kalorien: 175 Fett: 0,9g Kohlenhydrate: 34,9g Eiweiß: 6,7g Ballaststoffe: 7,5g

25. **Chicken Sandwich Chaffle**

Zubereitungszeit: 6 Minuten.

Kochzeit: 8 Minuten

Portionen: 2

Zutaten:

- Häffelchen
- 1 großes Bio-Ei, verquirlt
- ½ Tasse Cheddar-Käse, geraspelt
- Prise Salz und gemahlener schwarzer Pfeffer
- Füllen
- 1 (6 Unzen) gekochte Hähnchenbrust, halbiert
- 2 Kopfsalatblätter
- ¼ der kleinen Zwiebel, in Scheiben geschnitten
- 1 kleine Tomate, in Scheiben geschnitten

Wegbeschreibung:

1. Heizen Sie ein Mini-Waffeleisen vor und fetten Sie es anschließend ein.

2. Für die Pommes frites: Geben Sie alle Zutaten in eine mittelgroße Schüssel und verrühren Sie sie mit einer Gabel, bis sie gut vermischt sind. Die Hälfte der Mischung in das vorgeheizte Waffeleisen geben und ca. 3-4 Minuten backen.

3. Wiederholen Sie den Vorgang mit der restlichen Mischung.

4. Servieren Sie jede Chaffle mit den Füllungszutaten.

Ernährung: Kalorien: 194 Fett: 3,8g Kohlenhydrate: 29,0g Eiweiß: 10,9g Ballaststoffe: 9,4g

26. Lachs- und Käsesandwich-Häppchen

Zubereitungszeit: 6 Minuten

Kochzeit: 24 Minuten

Portionen: 4

Zutaten:

- Häffelchen
- 2 Bio-Eier
- ½ Unze Butter, geschmolzen
- 1 Tasse Mozzarella-Käse, zerkleinert
- 2 Esslöffel Mandelmehl
- Prise Salz
- Füllen
- ½ Tasse Räucherlachs
- 1/3 Tasse Avocado, geschält, entkernt und in Scheiben geschnitten
- 2 Esslöffel Feta-Käse, zerbröckelt

Wegbeschreibung:

1. Heizen Sie ein Mini-Waffeleisen vor und fetten Sie es anschließend ein.

2. Für die Pommes frites: Geben Sie alle Zutaten in eine mittelgroße Schüssel und verrühren Sie sie mit einer Gabel, bis sie gut vermischt sind. Geben Sie ¼ der Mischung in das vorgeheizte Waffeleisen und backen Sie sie ca. 5-6 Minuten.

3. Wiederholen Sie den Vorgang mit der restlichen Mischung.

4. Servieren Sie jede Chaffle mit den Füllungszutaten.

Ernährung: Kalorien: 352 Fett: 10,0g Kohlenhydrate: 51,5g
Eiweiß: 14,1g Ballaststoffe: 5,5g

27. Erdbeer-Sahne-Käse-Sandwich-Kaffee

Zubereitungszeit: 6 Minuten

Kochzeit: 10 Minuten

Portionen: 2

Zutaten:

- Häffelchen
- 1 Bio-Ei, verquirlt
- 1 Teelöffel Bio-Vanilleextrakt
- 1 Esslöffel Mandelmehl
- 1 Teelöffel Bio-Backpulver
- Prise gemahlener Zimt
- 1 Tasse Mozzarella-Käse, zerkleinert
- Füllen
- 2 Esslöffel Frischkäse, erweicht
- 2 Esslöffel Erythrit
- ¼ Teelöffel Bio-Vanilleextrakt
- 2 frische Erdbeeren, geschält und zerkleinert

Wegbeschreibung:

1. Heizen Sie ein Mini-Waffeleisen vor und fetten Sie es anschließend ein.

2. Für die Chaffeln: In einer Schüssel das Ei und den Vanilleextrakt hinzufügen und gut vermischen.

3. Fügen Sie das Mehl, das Backpulver und den Zimt hinzu und mischen Sie es, bis es gut vermischt ist.

4. Fügen Sie den Mozzarella-Käse hinzu und rühren Sie ihn um.

5. Die Hälfte der Mischung in das vorgeheizte Waffeleisen geben und ca. 4 Minuten backen.

6. Wiederholen Sie den Vorgang mit der restlichen Mischung.

7. In der Zwischenzeit für die Füllung: Geben Sie alle Zutaten außer den Erdbeerstücken in eine Schüssel und schlagen Sie sie mit einem Handrührgerät, bis sie sich gut verbinden.

8. Servieren Sie jede Chaffle mit Frischkäsemischung und Erdbeerstücken.

Ernährung: Kalorien: 412 Fett: 20,2g Kohlenhydrate: 43,3g Eiweiß: 21,6g Ballaststoffe: 13,1g

28. Ei & Speck Sandwich Chaffles

Zubereitungszeit: 6 Minuten

Kochzeit: 20 Minuten

Portionen: 4

Zutaten:

- Häffelchen
- 2 große Bio-Eier, verquirlt
- 4 Esslöffel Mandelmehl
- 1 Teelöffel Bio-Backpulver
- 1 Tasse Mozzarella-Käse, zerkleinert
- Füllen
- 4 Bio-Spiegeleier
- 4 gekochte Speckscheiben

Wegbeschreibung:

1. Heizen Sie ein Mini-Waffeleisen vor und fetten Sie es anschließend ein.

2. Geben Sie alle Zutaten in eine mittelgroße Schüssel und vermischen Sie sie mit einer Gabel, bis sie gut miteinander verbunden sind. Die Hälfte der Mischung in das vorgeheizte Waffeleisen geben und ca. 3-5 Minuten backen.

3. Wiederholen Sie den Vorgang mit der restlichen Mischung.

4. Wiederholen Sie den Vorgang mit der restlichen Mischung.

5. Servieren Sie jede Chaffle mit den Füllungszutaten.

Ernährung: Kalorien: 159 Fett: 9,3g Kohlenhydrate: 8,3g
Eiweiß: 10,4g Ballaststoffe: 1,6g

29. Blaubeer-Erdnussbutter-Sandwich-Kaffeekuchen

Zubereitungszeit: 6 Minuten

Kochzeit: 10 Minuten

Portionen: 2

Zutaten:

- 1 Bio-Ei, verquirlt
- ½ Tasse Cheddar-Käse, geraspelt
- Füllen
- 2 Esslöffel Erythrit
- 1 Esslöffel Butter, erweicht
- 1 Esslöffel natürliche Erdnussbutter
- 2 Esslöffel Frischkäse, erweicht
- ¼ Teelöffel Bio-Vanilleextrakt
- 2 Teelöffel frische Heidelbeeren

Wegbeschreibung:

1. Heizen Sie ein Mini-Waffeleisen vor und fetten Sie es anschließend ein.

2. Für die Chaffles: Geben Sie das Ei und den Cheddar-Käse in eine kleine Schüssel und rühren Sie sie zusammen.

3. Die Hälfte der Mischung in das vorgeheizte Waffeleisen geben und ca. 5 Minuten backen.

4. Wiederholen Sie den Vorgang mit der restlichen Mischung.

5. In der Zwischenzeit, für die Füllung: Geben Sie alle Zutaten in eine mittelgroße Schüssel und mischen Sie sie, bis sie gut kombiniert sind.

6. Servieren Sie jede Chaffle mit Erdnussbuttermischung.

Ernährung: Kalorien: 17 Fett: 4g Eiweiß: 9g

30. Schokoladen-Sandwich-Kaffeekuchen

Zubereitungszeit: 6 Minuten

Kochzeit: 10 Minuten

Portionen: 2

Zutaten:

- Häffelchen
- 1 Bio-Ei, verquirlt
- 1 Unze Frischkäse, erweicht
- 2 Esslöffel Mandelmehl
- 1 Esslöffel Kakao-Pulver
- 2 Teelöffel Erythritol
- 1 Teelöffel Bio-Vanilleextrakt
- Füllen
- 2 Esslöffel Frischkäse, erweicht
- 2 Esslöffel Erythritol
- ½ Esslöffel Kakaopulver
- ¼ Teelöffel Bio-Vanilleextrakt

Wegbeschreibung:

1. Heizen Sie ein Mini-Waffeleisen vor und fetten Sie es anschließend ein.

2. Für die Pommes frites: Geben Sie alle Zutaten in eine mittelgroße Schüssel und verrühren Sie sie mit einer Gabel, bis sie gut vermischt sind. Die Hälfte der Mischung in das vorgeheizte Waffeleisen geben und ca. 3-5 Minuten backen.

3. Wiederholen Sie den Vorgang mit der restlichen Mischung.

4. In der Zwischenzeit, für die Füllung: Geben Sie alle Zutaten in eine mittelgroße Schüssel und schlagen Sie sie mit einem Handmixer, bis sie sich gut verbinden.

5. Servieren Sie jede Chaffle mit der Schokoladenmischung.

Ernährung: Kalorien: 102 Fett: 22g Eiweiß: 9g Zucker: 1g

31. Beeren-Soße und Sandwich-Häppchen

Zubereitungszeit: 6 Minuten

Kochzeit: 8 Minuten

Portionen: 2

Zutaten:

- Füllen
- 3 Unzen gefrorene gemischte Beeren, aufgetaut mit dem Saft
- 1 Esslöffel Erythrit
- 1 Esslöffel Wasser
- ¼ Esslöffel frischer Zitronensaft
- 2 Teelöffel Sahne
- Häffelchen
- 1 großes Bio-Ei, verquirlt
- ½ Tasse Cheddar-Käse, geraspelt
- 2 Esslöffel Mandelmehl

Wegbeschreibung:

1. Für die Beerensauce: Beeren, Erythrit, Wasser und Zitronensaft in einen Topf geben und bei mittlerer Hitze etwa 8 Minuten kochen, dabei gelegentlich mit dem Löffel drücken.

2. Nehmen Sie die Pfanne mit der Sauce vom Herd und stellen Sie sie vor dem Servieren zum Abkühlen beiseite.

3. Heizen Sie ein Mini-Waffeleisen vor und fetten Sie es anschließend ein.

4. Geben Sie das Ei, den Cheddar-Käse und das Mandelmehl in eine Schüssel und schlagen Sie sie gut miteinander. Die Hälfte der Mischung in das vorgeheizte Waffeleisen geben und ca. 3-5 Minuten backen.

5. Wiederholen Sie den Vorgang mit der restlichen Mischung.

6. Jedes Häppchen mit Sahne und Beerensauce servieren.

Ernährung: Kalorien: 548 Fett: 20.7g Eiweiß: 46g

32. Schweinefleisch Sandwich Chaffle

Zubereitungszeit: 6 Minuten

Kochzeit: 16 Minuten

Portionen: 4

Zutaten:

- Häffelchen
- 2 große Bio-Eier
- ¼ Tasse superfeines blanchiertes Mandelmehl
- ¾ Teelöffel Bio-Backpulver
- ½ Teelöffel Knoblauchpulver
- 1 Tasse Cheddar-Käse, geraspelt
- Füllen
- 12 Unzen gekochtes Schweinefleisch, in Scheiben geschnitten
- 1 Tomate, in Scheiben geschnitten
- 4 Kopfsalatblätter

Wegbeschreibung:

1. Heizen Sie ein Mini-Waffeleisen vor und fetten Sie es anschließend ein.

2. Für die Chaffeln: Geben Sie die Eier, das Mandelmehl, das Backpulver und das Knoblauchpulver in eine Schüssel und schlagen Sie sie, bis sie gut miteinander verbunden sind.

3. Fügen Sie den Käse hinzu und rühren Sie um, um ihn zu kombinieren.

4. Geben Sie ¼ der Mischung in das vorgeheizte Waffeleisen und backen Sie sie ca. 3 Minuten lang.

5. Wiederholen Sie den Vorgang mit der restlichen Mischung.

6. Servieren Sie jede Chaffle mit den Füllungszutaten.

Ernährung: Kalorien: 67 Fett: 8g Eiweiß: 3g Zucker: 0g

GRUNDREZEPTE FÜR HÄCKSEL

33. Wasabi-Haferflocken

Zubereitungszeit: 15 Minuten

Kochzeit: 15 Minuten

Portionen: 1

Zutaten:

- 1 ganze Avocado, reif
- 5 Scheiben eingelegter Ingwer
- 1 Esslöffel glutenfreie Sojasauce
- 1/3 einer Tasse Edamame
- 1/4 Tasse japanisches eingelegtes Gemüse
- 1/2 Pfund Lachs in Sushi-Qualität, in Scheiben geschnitten
- 1/4 Teelöffel Wasabi

Wegbeschreibung:

1. Schneiden Sie den Lachs und die Avocado in dünne Scheiben. Beiseite stellen.
2. Wenn die Edamame gefroren sind, kochen Sie sie in einem Topf mit Wasser, bis sie gar sind. Beiseite stellen.
3. Folgen Sie dem Rezept für Classic Chaffle.
4. Sobald die Chaffles fertig sind, geben Sie einen Esslöffel Sojasauce auf die Chaffles und schichten dann Lachs, Avocado, Edamame, eingelegten Ingwer, eingelegtes Gemüse und Wasabi.
5. Viel Spaß!

Ernährung: Kalorien 321, Fett 14,8, Ballaststoffe 4,5, Kohlenhydrate 6,5, Eiweiß 19,7

34. **Beladene Chaffle-Nachos**

Zubereitungszeit: 15 Minuten

Kochzeit: 15 Minuten

Portionen: 1

Zutaten:

- Klassisches Chaffle-Rezept
- Nacho Zutaten:
- Taco-Fleisch-Rezept
- 1 ganze Avocado, reif
- 1/2 Tasse saure Sahne
- 1/2 Tasse Cheddar-Käse, geraspelt
- 1/2 Zwiebel
- 1 Handvoll Koriander, gehackt
- 1 Limette, in Spalten geschnitten
- Scharfe Sauce Ihrer Wahl

Wegbeschreibung:

1. Würfeln Sie den Koriander, den Salat, die Zwiebeln und die Limetten.
2. Zerkleinern Sie den Käse in einer Schüssel. Schmelzen Sie ihn, falls gewünscht.
3. Folgen Sie den Anweisungen für das Taco-Fleisch-Rezept.
4. Folgen Sie dem Rezept für Classic Chaffle.
5. Sobald die Chaffeln fertig sind, reißen Sie sie in Dreiecke.
6. Verteilen Sie die Waffeldreiecke auf einem Teller und schichten Sie Sauerrahm, Fleisch, Avocado, Zwiebeln, Koriander, Käse und Limette darauf.
7. Viel Spaß!

Ernährung: Netto-Kohlenhydrate: 2g; Kalorien: 193,6; Gesamtfett: 12g; Gesättigtes Fett: 1,7g; Protein: 17g; Kohlenhydrate: 5g; Ballaststoffe: 3g; Zucker: 2,5g

35. Mozzarella-Panini

Zubereitungszeit: 15 Minuten

Kochzeit: 15 Minuten

Portionen: 1

Zutaten:

- Klassisches Chaffle-Rezept
- Sandwich-Füllung Zutaten:
- 1 Unze Mozzarella, in dünne Scheiben geschnitten
- 1 Heirloom-Tomate, in dünne Scheiben geschnitten
- 1/4 Tasse Pesto
- 2 frische Basilikumblätter

Wegbeschreibung:

1. Folgen Sie dem Rezept für Classic Chaffle.
2. Wenn die Chaffeln fertig sind, legen Sie zwei nebeneinander.
3. Bestreichen Sie eine Seite mit dem Pesto, schichten Sie dann den Mozzarella-Käse und die Tomaten darauf und schichten Sie sie zusammen.

Ernährung: Netto-Kohlenhydrate: 2g; Kalorien: 234; Gesamtfett: 14,7g; Gesättigtes Fett: 2g; Protein: 23,3g; Kohlenhydrate: 2,1g; Ballaststoffe: 0,1g; Zucker: 2g

36. Lachs-Bagel-Hackbrötchen

Zubereitungszeit: 15 Minuten

Kochzeit: 15 Minuten

Portionen: 1

Zutaten:

- Klassisches Waffelrezept oder Süßes Waffelrezept
- 2 Esslöffel Everything Bagel Seasoning
- Füllung Zutaten:
- 1 Unze Frischkäse
- 1 Beefsteak-Tomate, in dünne Scheiben geschnitten
- 4-6 Unzen Lachsgravlax
- 1 kleine Schalotte, in dünne Scheiben geschnitten
- Kapern
- 1 Esslöffel frischer Dill

Wegbeschreibung:

1. Schneiden Sie die Tomate und die Schalotten in Scheiben.
2. Folgen Sie dem Classic Chaffle-Rezept und fügen Sie das Alles-Bagel-Gewürz hinzu.
3. Sobald die Waffeln fertig sind, bestreuen Sie die Oberseite beider Waffeln mit mehr Alles-Bagel-Gewürz.
4. Legen Sie zwei Waffeln nebeneinander und schichten Sie den Frischkäse, den Lachs und die Schalotten darauf.
5. Streuen Sie Dill und Kapern darüber und schichten Sie die beiden Chaffeln zusammen.
6. Viel Spaß!

Ernährung: Netto-Kohlenhydrate: 4.2g; Kalorien: 369; Gesamtfett: 27,5g; Gesättigtes Fett: 7,9g; Protein: 21,2g; Kohlenhydrate: 9,2g; Ballaststoffe: 5g; Zucker: 5g

37. **Kubanisches Sandwich Chaffle**

Zubereitungszeit: 15 Minuten

Kochzeit: 15 Minuten

Portionen: 1

Zutaten:

- Klassisches Chaffle-Rezept
- Cubano Zutaten:
- 1/4 Pfund Schinken, gekocht und in Scheiben geschnitten
- 1/4 Pfund Schweinefleisch, gebraten und in Scheiben geschnitten
- 1/4 Pfund Schweizer Käse, in dünne Scheiben geschnitten
- 3 Dillgurken, in Scheiben geschnitten

Wegbeschreibung:

1. Folgen Sie dem Rezept für Classic Chaffle.
2. Nehmen Sie zwei Häcksel und legen Sie sie nebeneinander.
3. Legen Sie das Fleisch, den Käse und die Essiggurken auf.
4. Legen Sie die beiden Chaffeln ineinander.
5. Legen Sie das Sandwich in den Ofen, wenn Sie es heiß haben möchten.
6. Erhitzen Sie 5 Minuten lang oder bis der Käse geschmolzen ist.

Ernährung: Netto-Kohlenhydrate: 4.8g; Kalorien: 323; Gesamtfett: 51,5g; Gesättigtes Fett: 23,3g; Protein: 41,3g; Kohlenhydrate: 7g; Ballaststoffe: 2,2g; Zucker: 2,3g

38. Parmesan-Knoblauch-Chaffeln

Zubereitungszeit: 10 Minuten

Kochzeit: 5 Minuten

Portionen: 1

Inhaltsstoffe

- 1/2 Tasse geschredderter Mozzarella-Käse
- 1 ganzes Ei, verquirlt
- 1/4 Tasse geriebener Parmesankäse
- 1 Teelöffel italienisches Gewürz
- 1/4 Teelöffel Knoblauchpulver

Wegbeschreibung

1. Heizen Sie Ihr Waffeleisen vor, und beginnen Sie mit der Zubereitung des Teigs.
2. Geben Sie alle Zutaten, außer dem Mozzarella-Käse, in eine Schüssel und verquirlen Sie sie. Geben Sie den Käse hinzu und mischen Sie ihn, bis er gut vermischt ist.
3. Besprühen Sie Ihre Waffelplatten mit Antihaft-Spray und geben Sie die Hälfte des Teigs in die Mitte. Schließen Sie den Deckel und garen Sie die Waffeln 3-5 Minuten lang, je nachdem, wie knusprig Sie sie haben möchten.
4. Mit einem Spritzer Olivenöl, geriebenem Parmesan und frisch gehackter Petersilie oder Basilikum servieren.

Ernährung: Netto-Kohlenhydrate: 6g; Kalorien: 340; Gesamtfett: 20g; Gesättigtes Fett: 4g; Protein: 32g; Kohlenhydrate: 8g; Ballaststoffe: 2g; Zucker: 2g

39. Key Lime Chaffle

Zubereitungszeit: 10 Minuten

Kochzeit: 5 Minuten

Portionen: 2

Inhaltsstoffe

Chaffle Zutaten

- 1 Ei
- 2 Teelöffel Frischkäse Raumtemperatur
- 1 Teelöffel pulverisierter Süßstoff Swerve oder Monkfruit
- 1/2 Teelöffel Backpulver
- 1/2 Teelöffel Limettenschale
- 1/4 Tasse Mandelmehl
- 1/2 Teelöffel Limettenextrakt oder 1 Teelöffel frisch gepresster Limettensaft
- Prise Salz

Frischkäse-Limetten-Frosting Zutaten

- 4 oz. Frischkäse erweicht
- 4 Esslöffel Butter
- 2 Teelöffel pulverisierter Süßstoff Swerve oder Monkfruit
- 1 Teelöffel Limettenextrakt
- 1/2 Teelöffel Limettenschale

Wegbeschreibung:

1. Heizen Sie das Mini-Waffeleisen vor.
2. Geben Sie alle Häckselzutaten in einen Mixer und pürieren Sie auf höchster Stufe, bis die Mischung glatt und cremig ist.

3. Garen Sie jedes Häckselstück etwa 3 bis 4 Minuten, bis es goldbraun ist.
4. Während die Chaffles kochen, die Glasur.
5. Kombinieren Sie in einer kleinen Schüssel alle Zutaten für den Zuckerguss und mischen Sie sie, bis sie glatt sind.
6. Lassen Sie die Waffeln vollständig abkühlen, bevor Sie sie glasieren.

Ernährung: Netto-Kohlenhydrate: 2.4g; Kalorien: 368,5; Gesamtfett: 26,6g; Gesättigtes Fett: 10,1g; Protein: 19,5g; Kohlenhydrate: 2,7g; Ballaststoffe: 0,3g; Zucker: 2g

40. Mit Jicama beladene gebackene Kartoffelhaferflocken

Zubereitungszeit: 10 Minuten

Kochzeit: 15 Minuten

Portionen: 2

Inhaltsstoffe

- 1 Tasse Käse nach Wahl
- 2 Eier, verquirlt
- 1 große Jicamawurzel
- 1/2 mittelgroße Zwiebel, gehackt
- Salz und Pfeffer
- 2 Knoblauchzehen, gepresst

Wegbeschreibung:

1. Jicama schälen und in der Küchenmaschine zerkleinern
2. Geben Sie die geraspelte Jicama in ein großes Sieb und bestreuen Sie sie mit 1-2 Teelöffel Salz. Gut mischen und abtropfen lassen.
3. Drücken Sie so viel Flüssigkeit wie möglich aus.
4. Mikrowelle für 5-8 Minuten
5. Mischen Sie alle Zutaten zusammen
6. Bestreuen Sie das Waffeleisen mit etwas Käse, geben Sie dann 1/3 der Mischung darauf und bestreuen Sie die Mischung mit etwas mehr Käse.
7. 5 Minuten garen. Wenden und weitere 2 Minuten garen.
8. Mit einem Klecks saurer Sahne, Speckstücken, Käse und Schnittlauch belegen.

Ernährung: Netto-Kohlenhydrate: 2,4g; Kalorien: 321; Gesamtfett: 21,4g; Gesättigtes Fett: 10,6g; Protein: 27,3g; Kohlenhydrate: 4,8g; Ballaststoffe: 2,4g; Zucker: 1,2g

41. Chaffle Mcgriddles

Zubereitungszeit: 10 Minuten

Kochzeit: 5 Minuten

Portionen: 2

Inhaltsstoffe

- 1 Ei
- 3/4 Tasse zerkleinerter Mozzarella
- 1 Wurstpatty
- 1 Scheibe American Cheese
- 1 Esslöffel zuckerfreier, aromatisierter Ahornsirup
- 1 Esslöffel Swerve oder Monkfruit (oder ein beliebiger Zuckerersatz)

Wegbeschreibung:

1. Heizen Sie Ihren Mini-Waffelbereiter vor
2. Schlagen Sie das Ei in eine kleine Rührschüssel,
3. Geschredderten Mozzarella, Swerve/Monkfruit und Ahornsirup hinzufügen und mischen, bis alles gut vermischt ist.
4. Geben Sie ~2 Esslöffel der entstandenen Eiermischung auf den Dash Mini Waffle Maker, schließen Sie den Deckel und kochen Sie 3 - 4 Minuten. Wiederholen Sie den Vorgang für so viele Waffeln, wie Sie herstellen möchten.
5. Befolgen Sie in der Zwischenzeit die Kochanweisungen für die Wurstpattys und legen Sie den Käse auf die noch warmen Pattys, damit er schmilzt.
6. Chaffle McGriddle zusammensetzen und genießen!

Ernährung: Netto-Kohlenhydrate: 0g; Kalorien: 321,5; Gesamtfett: 21,4g; Gesättigtes Fett: 7,2g; Protein: 32,1g; Kohlenhydrate: 0g; Ballaststoffe: 0g; Zucker: 0,6g

42. Leichte & knusprige Frikadellen

Zubereitungszeit: 10 Minuten

Kochzeit: 5 Minuten

Portionen: 2

Inhaltsstoffe

- 1 Ei
- 1/3 Tasse Cheddar
- 1/4 Teelöffel Backpulver
- 1/2 Teelöffel gemahlene Leinsamen
- Geriebener Parmesankäse auf Ober- und Unterseite.

Wegbeschreibung:

1. Die Zutaten miteinander vermischen und in einem Mini-Waffeleisen 4-5 Minuten knusprig backen.
2. Sobald sie abgekühlt sind, genießen Sie Ihre leichte und knusprige Keto-Waffel.
3. Sie können mit Gewürzen zu der ursprünglichen Mischung experimentieren, je nach der Stimmung Ihrer Geschmacksnerven.

Ernährung: Netto-Kohlenhydrate: 1.9g; Kalorien: 160,7; Gesamtfett: 8,2g; Gesättigtes Fett: 8,1g; Protein: 19,3g; Kohlenhydrate: 2,4g; Ballaststoffe: 0,5g; Zucker: 1,4g

REZEPTE FÜR SÜSSES HÄCKSELGUT

43. Basic Sweet Keto Chaffles

Zubereitungszeit: 5 Minuten

Kochzeit: 5 Minuten

Portionen: 2

Zutaten:

- 1 Ei
- ½ Tasse geschredderter Cheddar-Käse

Wegbeschreibung:

1. Schalten Sie das Waffeleisen ein und ölen Sie es mit Kochspray ein.
2. Verquirlen Sie das Ei in einer Schüssel, bis es gut verquirlt ist.
3. Fügen Sie den Käse zum Ei hinzu und rühren Sie gut, um ihn zu kombinieren.
4. Gießen Sie ½ Teig in das Waffeleisen und schließen Sie den Deckel. Garen für 3-5 Minuten.
5. Übertragen Sie die Spreu auf einen Teller und stellen Sie sie für 2-3 Minuten beiseite, damit sie knusprig werden.
6. Wiederholen Sie den Vorgang für den restlichen Teig.

Ernährung: Kalorien 127, Fett 5, Kohlenhydrate 1, Eiweiß 20

44. Mayonnaise-Häcksel

Zubereitungszeit: 5 Minuten

Kochzeit: 10 Minuten

Portionen: 3

Zutaten:

- 1 großes Bio-Ei, verquirlt1 Esslöffel Mayonnaise
- 2 Esslöffel Mandelmehl
- 1/8 Teelöffel Bio-Backpulver
- 1 Teelöffel Wasser2-4 Tropfen flüssiges Stevia

Wegbeschreibung:

1. Heizen Sie ein Mini-Waffeleisen vor und fetten Sie es anschließend ein.
2. Geben Sie alle Zutaten in eine mittelgroße Schüssel und mischen Sie sie mit einer Gabel, bis sie gut vermischt sind. Legen Sie die Hälfte der Mischung in das vorgeheizte Waffeleisen und kochen Sie für ca. 4-5 Minuten.
3. Wiederholen Sie den Vorgang mit der restlichen Mischung.
4. Warm servieren.

Ernährung: Kalorien 208, Fett 7, Kohlenhydrate 22, Eiweiß 19

45. Schokolade & Erdnussbutter Chaffle

Zubereitungszeit: 5 Minuten

Kochzeit: 10 Minuten

Portionen: 2

Zutaten:

- ½ Tasse geschredderter Mozzarella-Käse
- 1 Esslöffel Kakaopulver
- 2 Esslöffel pulverisierter Süßstoff
- 2 Esslöffel Erdnussbutter
- ½ Teelöffel Vanille
- 1 Ei
- 2 Esslöffel zerstoßene Erdnüsse
- 2 Esslöffel Schlagsahne
- ¼ Tasse zuckerfreier Schokoladensirup

Wegbeschreibung:

1. Kombinieren Sie Mozzarella, Ei, Vanille, Erdnussbutter, Kakaopulver und Süßstoff in einer Schüssel.
2. Erdnüsse hinzugeben und gut mischen.
3. Schalten Sie das Waffeleisen ein und ölen Sie es mit Kochspray ein.
4. Gießen Sie die eine Hälfte des Teigs in das Waffeleisen und kochen Sie ihn einige Minuten lang, dann geben Sie ihn auf einen Teller.
5. Mit Schlagsahne, Erdnüssen und zuckerfreiem Schokoladensirup garnieren.

Ernährung: Kalorien 245, Fett 7, Kohlenhydrate 23, Eiweiß 10

46. Lemon Curd Chaffle

Zubereitungszeit: 5 Minuten

Kochzeit: 5 Minuten

Portionen: 1

Zutaten:

- 3 große Eier
- 4 oz. Frischkäse, erweicht
- 1 Esslöffel Low-Carb-Süßstoff
- 1 Teelöffel Vanilleextrakt
- ¾ Tasse Mozzarella-Käse, zerkleinert
- 3 Esslöffel Kokosnussmehl
- 1 Teelöffel Backpulver
- ⅓ Teelöffel Salz

Für das Lemon Curd:

- ½-1 Tasse Wasser
- 5 Eigelb
- ½ Tasse Zitronensaft
- ½ Tasse pulverisierter Süßstoff
- 2 Esslöffel frische Zitronenschale
- 1 Teelöffel Vanilleextrakt
- Prise Salz
- 8 Esslöffel kalte Butter, gewürfelt

Wegbeschreibung:

1. Gießen Sie Wasser in einen Kochtopf und erhitzen Sie es auf mittlerer Stufe, bis es leicht kocht. Beginnen Sie mit ½ Tasse und fügen Sie bei Bedarf mehr hinzu.
2. Eigelb, Zitronensaft, Zitronenschale, Süßstoffpulver, Vanille und Salz in einer mittleren hitzebeständigen Schüssel verquirlen. Lassen Sie sie 5-6 Minuten lang fest werden.

3. Stellen Sie die Schüssel auf den Kochtopf und erhitzen Sie sie. Die Schüssel sollte das Wasser nicht berühren.
4. Verquirlen Sie die Mischung 8-10 Minuten lang, oder bis sie einzudicken beginnt.
5. Die Butterwürfel hinzufügen und 7 Minuten lang schlagen, bis sie eindickt.
6. Wenn sie die Rückseite eines Löffels leicht beschichtet, vom Herd nehmen.
7. Kühl stellen, damit die Masse weiter eindicken kann.
8. Schalten Sie das Waffeleisen ein und ölen Sie es mit Kochspray ein.
9. Fügen Sie Backpulver, Kokosnussmehl und Salz in einer kleinen Schüssel hinzu. Gut mischen und beiseite stellen.
10. Geben Sie Eier, Frischkäse, Süßstoff und Vanille in eine separate Schüssel. Mit einem Handrührgerät schaumig schlagen.
11. Mozzarella zur Eimischung geben und erneut schlagen.
12. Fügen Sie die trockenen Zutaten hinzu und mischen Sie sie, bis sie gut miteinander verbunden sind.
13. Geben Sie den Teig in das Waffeleisen und kochen Sie ihn 3-4 Minuten lang.
14. Auf einen Teller geben und vor dem Servieren mit Zitronenquark bestreichen.

Ernährung: Kalorien 579, Fett 18, Kohlenhydrate 33, Eiweiß 11

47. Walnuss & Kürbis Chaffes

Zubereitungszeit: 5 Minuten

Kochzeit: 10 Minuten

Portionen: 2

Zutaten:

- 1 Bio-Ei, verquirlt
- ½ Tasse Mozzarella-Käse, geraspelt
- 2 Esslöffel Mandelmehl
- 1 Esslöffel zuckerfreies Kürbispüree
- 1 Teelöffel Erythritol
- ¼ Teelöffel gemahlener Zimt
- 2 Esslöffel Walnüsse, geröstet und gehackt

Wegbeschreibung:

1. Heizen Sie ein Mini-Waffeleisen vor und fetten Sie es anschließend ein.
2. Geben Sie alle Zutaten außer den Walnüssen in eine Schüssel und schlagen Sie sie, bis sie sich gut verbinden.
3. Heben Sie die Walnüsse unter.
4. Legen Sie die Hälfte der Mischung in das vorgeheizte Waffeleisen und backen Sie sie ca. 5 Minuten oder bis sie goldbraun ist.
5. Wiederholen Sie den Vorgang mit der restlichen Mischung.
6. Warm servieren.

Ernährung: Kalorien 226, Fett 14, Kohlenhydrate 14, Eiweiß 8

48. Proteinreiche Mozzarella-Häppchen

Zubereitungszeit: 8 Minuten

Kochzeit: 20 Minuten

Portionen: 2

Zutaten:

- ½ Messlöffel ungesüßtes Proteinpulver
- 2 große Bio-Eier
- ½ Tasse Mozzarella-Käse, geraspelt
- 1 Esslöffel Erythritol
- ¼ Teelöffel Bio-Vanilleextrakt

Wegbeschreibung:

1. Heizen Sie ein Mini-Waffeleisen vor und fetten Sie es anschließend ein.
2. Geben Sie alle Zutaten in eine mittelgroße Schüssel und mischen Sie sie mit einer Gabel, bis sie gut miteinander verbunden sind.
3. Legen Sie ¼ der Mischung in das vorgeheizte Waffeleisen und garen Sie es ca. 4-5 Minuten oder bis es goldbraun ist.
4. Wiederholen Sie den Vorgang mit der restlichen Mischung.
5. Warm servieren.

Ernährung: Kalorien 216, Fett 10, Kohlenhydrate 13, Eiweiß 10

49. Schokoladenchips-Butter-Kaffees

Zubereitungszeit: 5 Minuten

Kochzeit: 8 Minuten

Portionen: 4

Zutaten:

- 1 Bio-Ei, verquirlt
- ¼ Tasse Mozzarella-Käse, geraspelt
- 2 Esslöffel cremige Erdnussbutter
- 1 Esslöffel Mandelmehl
- 1 Esslöffel granuliertes Erythritol
- 1 Teelöffel Bio-Vanilleextrakt
- 1 Esslöffel 70%ige dunkle Schokoladenstückchen

Wegbeschreibung:

1. Heizen Sie ein Mini-Waffeleisen vor und fetten Sie es anschließend ein.
2. Geben Sie alle Zutaten außer den Schokoladenstückchen in eine Schüssel und schlagen Sie sie, bis sie sich gut verbinden.
3. Heben Sie die Schokoladenspäne vorsichtig unter.
4. Legen Sie die Hälfte der Mischung in das vorgeheizte Waffeleisen und backen Sie die Waffeln etwa Minuten oder bis sie goldbraun sind.
5. Wiederholen Sie den Vorgang mit der restlichen Mischung.
6. Warm servieren.

Ernährung: Kalorien 336, Fett 22, Kohlenhydrate 12, Eiweiß 18

50. Kürbisfrikadellen

Zubereitungszeit: 5 Minuten

Kochzeit: 12 Minuten

Portionen: 3

Zutaten:

- 1 Bio-Ei, verquirlt
- ½ Tasse Mozzarella-Käse, geraspelt
- 1½ Esslöffel hausgemachtes Kürbispüree
- ½ Teelöffel Erythritol
- ½ Teelöffel Bio-Vanille-Extrakt
- ¼ Teelöffel Kürbiskuchengewürz

Wegbeschreibung:

1. Heizen Sie ein Mini-Waffeleisen vor und fetten Sie es anschließend ein.
2. Geben Sie alle Zutaten in eine Schüssel und schlagen Sie sie, bis sie sich gut verbinden.
3. Legen Sie ¼ der Mischung in das vorgeheizte Waffeleisen und garen Sie es ca. 4-6 Minuten oder bis es goldbraun ist.
4. Wiederholen Sie den Vorgang mit der restlichen Mischung.
5. Warm servieren.

Ernährung: Kalorien 316, Fett 2, Kohlenhydrate 10, Eiweiß 18

SCHLUSSFOLGERUNG

Keto Chaffle-Rezepte sind ein kohlenhydratarmer, ketofreundlicher Snack, der in wenigen Minuten zubereitet werden kann und perfekt für Kinder im Auto oder unterwegs ist. Sie sind eine tolle Sache, um die Versuchung beim Kochen mit ungesunden Zutaten zu verringern. Keto Chaffles können pur als Snack gegessen werden oder mit Ahornsirup als Frühstück oder Dessert.

Um Sie weiter zu inspirieren, finden Sie hier einige Vorteile des Verzehrs von Keto-Kaffee:

1. Keto Chaffles haben null Kohlenhydrate. Sie können sicher sein, dass sie null Kohlenhydrate haben, da sie aus Chiasamen hergestellt sind, die reich an gesunden Fetten und Ballaststoffen sind.

2. Keto Chaffles sind sehr einfach zu machen. Für die Herstellung von Keto Chaffles brauchen Sie nicht einmal zehn Minuten. Sie müssen nur die Zutaten mischen, sie abkühlen lassen und dann in Quadrate schneiden. Sie können sie im Gefrierschrank aufbewahren, damit Sie sie unterwegs essen können, wann immer Sie sich hungrig fühlen.

3. Sie haben die Möglichkeit, Ihre Keto-Chaffles je nach Geschmacksvorliebe zuzubereiten. Es gibt Rezepte für Erdbeer-, Schokoladen- und Bananen-Chaffles. Es gibt auch die Möglichkeit, Ihre eigene Sorte von Keto Chaffle zu machen, je nach Vorliebe.

4. Keto Chaffles schmecken hervorragend, wenn sie mit Butter und zuckerfreiem Sirup belegt sind. Auf diese Weise bleiben Sie nicht nur in der Ketose, sondern

gönnen sich auch eine süße Leckerei, ohne Ihren Diätplan zu verlassen.

5. Keto Chaffles schmecken großartig mit Früchten. Es ist so einfach, Früchte zu Ihrem Keto-Chaffles-Rezept hinzuzufügen, dass es keinen Grund gibt, warum Sie es nicht tun sollten. Sie können Beeren, Bananen oder Apfelscheiben hinzufügen, so dass Sie mit nur einem Bissen einen frischen Snack haben, ohne Ihren Diätplan zu ruinieren.

6. Sie sind reich an Eiweiß. Keto Chaffles bestehen zu fast 32% aus Protein, weshalb sie die Rolle von Fleisch in Ihrem Ernährungsplan ersetzen können. Sie können Rinderhackfleisch, Meeresfrüchte oder Truthahn zu Ihrem Waffelrezept hinzufügen und haben trotzdem eine gesunde Option.

7. Sie werden nur mit natürlichen Zutaten hergestellt. Es werden keine Konservierungsstoffe, Zusatzstoffe oder künstliche Süßstoffe zu Ihrem Keto Chaffle Rezept hinzugefügt. Keto Chaffles werden nur aus natürlichen Zutaten hergestellt und deshalb sind sie gesund für Sie und auch sicher für Kinder zu essen.

8. Sie sind eine gute Quelle für Kalzium, Eisen und Magnesium. Keto-Häcksel haben einen hohen Gehalt an diesen Mineralien, die helfen können, Ihr Immunsystem zu stärken.

9. Sie sind großartig für die Gewichtsabnahme. Wenn Sie sich über Ihr Gewicht bewusst sind, dann ist Keto Chaffles das, was Sie bekommen sollten, um die ganze Zeit zu naschen. Keto Chaffles haben null Kohlenhydrate und Kalorien und deshalb können sie ein guter Ersatz für ungesunde Lebensmittel sein, die unserer Taille Zentimeter hinzufügen, besonders während der Ferienzeit, wenn wir dazu neigen,

übermäßig in Lebensmitteln zu schwelgen, die wir gar nicht essen sollten. Der Verzehr von Keto-Hackfleisch-Rezepten wird Sie länger satt halten, da es hilft, den Hunger zu unterdrücken, aber auch Ihren Appetit, was letztendlich dazu beiträgt, dass Sie nicht mehr essen als das, was Sie brauchen oder essen sollen.

10. Ein kohlenhydratarmes Keto-Häferl enthält nur 130 Kalorien, was perfekt für einen Snack für unterwegs oder etwas zum Frühstück ist, wenn Sie Weißbrottoast oder alles Bagel aus Ihrer Ernährung streichen wollen.

Da jeder Körper anders ist, hängt die Anzahl der Chaffeln pro Portion davon ab, wie viele Kohlenhydrate Sie netto pro Tag benötigen, um anzufangen.

Ich hoffe, dass diese Keto-Häcksel-Rezepte Ihnen einen besseren Einblick gegeben hatten, was Keto-Häcksel sind und wie sie Ihnen bei Ihren Abnehmzielen helfen können.

CPSIA information can be obtained
at www.ICGtesting.com
Printed in the USA
LVHW080608120521
687183LV00007B/733

9 781802 934304